KLESTER CAVALCANTI

MATOU UMA, MATOU TODAS

HISTÓRIAS REAIS DE VÍTIMAS DE **FEMINICÍDIO** NO BRASIL. E A LUTA CONTRA ESSE MAL QUE ASSOLA O PAÍS

AÇÃO

Este livro foi revisado segundo o Acordo Ortográfico da Língua Portuguesa de 1990, em vigor no Brasil desde 2009.

EDIÇÃO Pascoal Soto e Vitor Castro

PREPARAÇÃO DE TEXTO Olga de Mello

REVISÃO Giselle de Almeida

PROJETO GRÁFICO Patrícia Oliveira

DADOS INTERNACIONAIS DE CATALOGAÇÃO NA PUBLICAÇÃO (CIP)
(CÂMARA BRASILEIRA DO LIVRO, SP, BRASIL)
Elaborado por Aline Graziele Benitez – CRB 1/3129

Cavalcanti, Klester
Matou uma, matou todas: histórias reais de vítimas de feminicídio no Brasil: e a luta contra esse mal que assola o país / Klester Cavalcanti. – 1. ed. – São Paulo: Ação Editora, 2025.

ISBN 978-65-988236-2-7

1. Feminicídio 2. Mulheres – Direitos – Brasil 3. Mulheres –Vítimas de violência 4. Violência contra as mulheres – Legislação –Brasil 5. Violência contra as mulheres – Prevenção I. Título.

25-300878.0 CDD: 362.83

Índices para catálogo sistemático:
1. Violência contra as mulheres : Problemas sociais 362.83

AÇÃO EDITORA
Av. Paulista, 2064 – 14º Andar | Sala 1405
Bela Vista, São Paulo – SP
comercial.editora@acaodacidadania.org.br
acaodacidadania.org.br/acao-editora
acaoeditora

Eu não estou aceitando as coisas
que não posso mudar. Estou mudando
as coisas que não posso aceitar.

ANGELA DAVIS, filósofa norte-americana

Que nada nos defina, que nada nos sujeite.
Que a liberdade seja a nossa própria substância.

SIMONE DE BEAUVOIR, escritora
e ativista francesa

Eu odeio os homens que temem
a força das mulheres.

ANAÏS NIN, romancista francesa

DEDICATÓRIA

A Carla Góes e Silvana Maria da Silva, pela coragem em compartilhar comigo suas dores, lutas e vitórias.

Às famílias de Tássia Mirella de Sena Araújo, Beatriz Milano e Tatiane Spitzner, pela confiança depositada em mim e no meu trabalho.

À minha mãe, Débora Cavalcanti, minhas avós – Angelita e Antônia –, minha irmã, Kemine Cavalcanti, minha tia, Delaine Cavalcanti, e minha amada Taíssa Pinheiro, mulheres que me inspiram a ser um homem melhor.

AGRADECIMENTOS

Aos amigos Everaldo Guedes de Azevedo França e Wilson Barcellos, pelo apoio sempre presente.

A todos os profissionais que contribuíram para a produção deste trabalho, ao me concederem horas de entrevistas e compartilharem comigo seus conhecimentos técnicos e sentimentos.

NOTA DO AUTOR

A violência contra a mulher é tão antiga quanto a própria História da Humanidade. Desde tempos remotos há relatos, episódios e narrativas que mostram o homem e o sistema agredindo-as. Achados arqueológicos dão conta de que, ainda no Antigo Egito, por volta de 3.000 a.C., elas já eram estupradas e assassinadas por não obedecerem a seus maridos e senhores. De lá para cá, pouca coisa mudou. A religião tem sua parcela de culpa. E não é pequena. As três maiores religiões do mundo – cristianismo, judaísmo e islamismo – apresentam a mulher como inferior ao homem e passível de punições severas por questões de gênero. Na Bíblia, no capítulo 22 do livro de Deuteronômio, Moisés, que viveu, estima-se, em 1.400 a.C., ensina o povo a respeito do que deve ser feito no caso de um homem descobrir que sua mulher não era virgem quando a desposou. O texto é claro: "Levarão a moça à porta da casa do seu pai, e os homens da sua cidade a apedrejarão, até que morra".

Além do assassinato da jovem, simplesmente por não ser virgem ao ser tomada em casamento, dois pontos chamam atenção: 1. São os homens que devem apedrejar a moça. 2. Nada se fala sobre a necessidade de o noivo ser virgem. Já no livro de Levítico – também na Bíblia –, no capítulo 20, Moisés aborda o adultério. Nesse caso, homem e mulher deviam ser punidos com a morte: "O homem que adulterar com a mulher de outro, certamente morrerão, o adúltero e a adúltera". Cerca de 1.500 anos mais tarde, Jesus daria uma lição que se transformaria num dos casos mais conhecidos das Escrituras. Diante de uma mulher acusada de adultério e que estava prestes a ser, como manda a lei judaica, apedrejada até a morte, o Messias fala palavras que se tornariam célebres: "Aquele dentre vós que nunca pecou atire a primeira pedra", conforme relatado no oitavo capítulo do Evangelho de João. O texto conta que, livre dos seus acusadores e perdoada por Jesus, a adúltera voltou para casa. Os ensinamentos de Cristo, no entanto, não foram devidamente respeitados, e as mulheres continuam sendo punidas por uma sociedade essencialmente machista e patriarcal.

O islamismo também coloca a mulher em posição de inferioridade ao homem. O Alcorão, livro sagrado dos muçulmanos, afirma que "os homens têm autoridade sobre as mulheres", inclusive com poder para bater nas esposas desobedientes. A Sharia – sistema jurídico do Islã, formado por normas derivadas do Alcorão e do hadith, conjunto dos ensinamentos e atos de Maomé – estabelece, por exemplo, que o testemunho de um homem tem o dobro do valor jurídico do depoimento de uma mulher. O adultério é punido com apedrejamento até a morte, para ambos os sexos, mas via de regra apenas as mulheres são castigadas.

No Irã, país regido por normas islâmicas, o governo aprovou, em dezembro de 2024, uma lei endurecendo as regras contra as mulheres, para combater os movimentos feministas que começavam a ganhar força. Mulheres e meninas flagradas sem o véu ou usando roupas que deixem partes do corpo à mostra – com exceção de mãos e pés – podem ser punidas com açoites e prisão de até 15 anos. Em casos reincidentes ou que as autoridades considerem extremos, o castigo pode ser a pena de morte. No Afeganistão e na Arábia Saudita – assim como no Irã –, a mulher não pode trabalhar nem viajar para fora do país sem autorização do pai ou, no caso de ser casada, do marido. Em transportes públicos, há espaços separados para elas. Até 2018, as mulheres eram proibidas de dirigir automóveis na Arábia Saudita. No Catar, o adultério é punido com cem chibatadas, mas pode chegar à pena de morte, se a mulher adúltera tiver traído o marido com um homem que não seja muçulmano.

A violência contra a mulher também é apresentada em profusão na mitologia. Uma das personagens mais conhecidas dos antigos contos gregos demonstra como seus autores enxergavam e tratavam as mulheres. Conhecida por ter serpentes na cabeça e possuir o poder de transformar em pedra qualquer pessoa que a encarasse, a Medusa era, segundo a fábula – escrita por volta de 700 a.C. –, uma mulher belíssima, sacerdotisa do templo de Atena, deusa da sabedoria e das artes. Violentada por Poseidon, o deus dos mares, ela é castigada pela própria Atena, que a transforma num ser abominável, com cobras no lugar dos cabelos. Para muitos estudiosos, o mito escancara a violência sexual contra as mulheres da Grécia Antiga, ao exibir o caso de uma mortal que é punida pelos deuses, mesmo tendo sido vítima de um abuso. O castigo, porém, era pouco. A história termina com Medusa sendo morta, decapitada, num episódio clássico de feminicídio no qual a própria vítima é condenada – como até hoje acontece em muitos casos.

Há vários outros contos da mitologia grega que mostram personagens femininas sofrendo violência de gênero. Filomela, por exemplo, é estuprada pelo próprio cunhado, o rei Tereu. Além de violentá-la, ele aprisiona Filomela e corta sua língua, para que ela não possa contar a ninguém o que sofrera. Já no mito de Daphne, ela decide se transformar em árvore para fugir da perseguição e do assédio de Apolo, o deus do sol. A fábula mostra o desespero da mulher para escapar da violência sexual, ainda que para isso tenha de renunciar à própria aparência. Milênios se passaram, e as mulheres continuam sofrendo todo tipo de agressão, simplesmente por serem mulheres.

Com a entrada delas no mercado de trabalho, novas formas de violência surgiram, como o assédio sexual e moral no ambiente profissional e o fato de receberem salários inferiores a homens na mesma função. Esse ponto, aliás, levaria a um episódio histórico na luta das mulheres por direitos iguais. Em março de 1957, trabalhadoras de uma indústria têxtil de Nova York iniciaram uma greve exigindo salário igual ao dos homens e dignidade no local de trabalho. Como resposta ao movimento, os diretores da companhia trancaram quase 130 funcionárias num setor da fábrica e ordenaram que o lugar fosse incendiado. Todas morreram carbonizadas. Em 2025, quase 70 anos depois, mulheres de todas as partes do mundo ainda sofrem as mais díspares formas de violência, entre as quais a mais grave e torpe é o feminicídio. Os números são assombrosos.

Divulgado em novembro de 2024, estudo produzido pela ONU Mulheres e pelo Escritório das Nações Unidas contra a Droga e o Crime (ONUDC) apresentou cenário alarmante: 85 mil feminicídios foram registrados no mundo, no ano de 2023. Em outras palavras, uma mulher foi morta a cada seis minutos no planeta, simplesmente por ser do sexo feminino. Desde o surgimento da expressão "feminicídio", cunhada nos anos 1970, pela socióloga sul-africana Diana Russel (1938-2020), nunca tantas pessoas foram assassinadas pelo simples fato de serem mulheres. No Brasil, a situação é igualmente grotesca. O 19º Anuário Brasileiro de Segurança Pública, divulgado no dia 24 de julho de 2025, revelou que 1.492 mulheres tinham perdido a vida, vítimas de feminicídio, em 2024 – alta de quase 1,2% em relação a 2023. O número representava o maior registro desde a sanção da lei que tipifica o crime, em 2015, e indicava que quatro mulheres haviam sido assassinadas por dia no país – um feminicídio a cada seis horas.

Este livro tem a missão precípua de denunciar essa infame realidade, ao narrar e analisar casos ocorridos nas cinco regiões do Brasil: Sul, Sudeste, Centro-Oeste, Nordeste e Norte. Mas também pretende reconhecer e valorizar o trabalho de pessoas e instituições que atuam para combater a violência de gênero no país. Para tanto, selecionei mais de 120 feminicídios registrados no Brasil, dos quais seis foram garimpados para serem incluídos nesta obra. Entrevistei familiares das vítimas, amigos, colegas de trabalho e profissionais que agiram para esclarecer os casos, prender e levar os acusados a julgamento e para dar apoio aos parentes e dependentes das mulheres assassinadas.

Para produzir este livro, eu dediquei mais de seis anos a pesquisas, entrevistas e viagens pelo Brasil. Dentre milhares de casos de feminicídio registrados no país, selecionei estes seis para apurar todos os detalhes em profundidade, com a preocupação de mostrar que não se trata de um problema local, mas sim de alcance nacional. Para contar as histórias, com as dores e os dramas nelas envolvidos, li mais de 17 mil páginas de Inquéritos Policiais e Processos Judiciais, assisti a cerca de 90 horas de vídeos — de audiências públicas, julgamentos e entrevistas — e analisei quase duas mil fotografias, entre imagens de laudos científicos, dos locais dos crimes e dos arquivos das famílias.

Foi um processo longo, exaustivo e doloroso. Por diversas vezes, mães, pais, irmãos, primos e amigos das vítimas choraram durante as conversas comigo. Sabíamos, porém, eles e eu, que se tratava de uma aflição própria do processo de produção. E serei eternamente grato pela confiança que todas as mais de 80 pessoas que entrevistei depositaram em mim e no meu trabalho. Além de ouvir amigos e familiares das vítimas, conversei com profissionais das mais diversas áreas que atuam no combate à violência de gênero. Nessa lista, estão policiais, promotores de Justiça, defensores públicos, advogados, psicólogos, economistas, empresários, políticos e representantes de ONGs, entre outros.

O resultado é uma obra que escancara uma realidade dura, cruel e inaceitável. Uma realidade na qual mais de 1,4 mil mulheres são mortas a cada ano no Brasil. Negras, brancas, indígenas, ricas, pobres, de norte a sul do país. Assassinadas pelo marido, pelo namorado, pelo vizinho, por um estranho. O recado é claro: no Brasil, basta ser mulher para estar sujeita a sofrer as mais truculentas formas de violência, de um xingamento ao homicídio. Mas este livro apresenta, também, caminhos que podem levar a um novo cenário. Diversos projetos já provam que a mudança é possível. Ótimo exemplo é o programa da ONU Mulheres que trabalha diretamente na educação e na conscientização dos homens. Outro é o projeto da Defensoria Pública do Amazonas que dá assistência a crianças e adolescentes cujas mães foram vítimas de feminicídio.

Há, ainda, uma campanha que conecta ONGs e iniciativas de todo o país na luta contra a violência de gênero. A quase totalidade dessas ações são coordenadas por mulheres. Compreensível. São elas que sofrem, literalmente, na pele e na alma as agruras de serem mulheres num país violento e machista como o Brasil. E são elas, com força e bravura admiráveis, que mudarão essa realidade horrenda. A participação dos homens nesse processo, todavia, é imprescindível para que se alcance os resultados desejados. Para que vivamos numa sociedade na qual as mulheres tenham os mesmos direitos e oportunidades que os homens. E que possam viver sem o medo de serem mortas unicamente por serem mulheres. Espero que este livro contribua para transformar esse sonho em realidade.